からだ思いの藤井弁当

藤井 恵

「ワンパターン」で健康的！

Gakken

〝藤井弁当〟って何？

お弁当作りは、毎日のこと。
ストレスなく作り続けられることが大事です。
では、どうすればストレスなく続けられるのか。
約15年間、試行錯誤を重ねてきた私なりの答えが、
「卵焼き器でお弁当作りをパターン化する」こと。
肉や魚などの主菜も、野菜のおかずも、卵焼きも
おかずをすべて卵焼き器ひとつで作ります。

卵焼き器をおすすめする理由

- 当然ですが、**卵焼きが上手に作れる**から。
- 1人分の**野菜をゆでる・肉や魚を焼く・炒める・煮る**ことができるから。揚げものは難しいけれど、**揚げ焼き**くらいならできます。
- 普通のフライパンよりも小さくて熱が伝わりやすいので、**調理の時短**になるから。
- 道具ひとつで作るので、**後片付けがラク**だから。

2020年に発行した『藤井弁当　お弁当はワンパターンでいい！』。卵焼き器ひとつで作るパターン化されたレシピが、料理初心者からベテランまで、お弁当作りに悩む多くの読者に支持され、28万部を超えるベストセラーに。

卵焼き器ひとつで作る "ワンパターン弁当"です。

私が使っている卵焼きです

サイズは14×19㎝、深さが4㎝。標準的なサイズです。

食材がくっつきにくいコーティング加工が施されています。

ほかに…

食材に下味をつけたり和えたりするときに使うボウルや、でき上がったおかずを冷ますために一時的に置いておけるバットや皿があると便利です。

※この本では、直径14〜15㎝で深さ約7㎝のボウルと直径11〜12㎝で深さ約6㎝のボウル、18×23㎝のバットを使用。野菜の和えものは、大きいほうのボウルで作りました。

おかずは3品。おもな食材は3つだけ。

おかず3品とは、肉・魚・厚揚げの主菜、野菜のおかず、卵焼きのこと。卵焼き器を使ったおかず3品の作り方は、ざっくりこんな感じです。

1

お湯を沸かして、野菜をゆでます。

野菜は「ゆでて和えものにする！」と決めてしまえばラクです。

2

お湯を捨て、今度は卵焼きを作ります。

卵を焼いても卵焼き器はほとんど汚れないので、そのまま次の調理へ。

3

最後に主菜を作ります。

料理が苦手でも、忙しくても、シンプルな3ステップなら、ストレスなく作り続けられると思いませんか。
使う食材も、野菜1、卵1、肉（または魚、厚揚げ）1と、全部で3種類。
少ないので下ごしらえの時間がかかりません。
味つけもキッチンにある調味料でごくシンプルに仕上げます。

それだけではありません。

この本では

- **体重が増えてきたので、ダイエットしたい**
- **健康診断の数値が気になるので、栄養バランスや塩分量を見直したい**
- **自分や家族の健康を考え、食生活を改善したい**

このような人たちにも役立つお弁当を紹介しています。

シンプルなレシピで“からだ思い”のお弁当です。

〝からだ思いの藤井弁当〟は健康にいいことがたくさんあります。

健康にいい5つのポイント

1 カロリーが控えめです

低カロリーの食材を選び、油分も極力控えました。主菜は125〜297kcalです。弁当全体では**500kcal台**を目安に、ご飯・野菜のおかず・卵焼きを組み合わせてください。

2 塩分が控えめです

塩分量は0.1g単位で計量し、極力抑えました。分量には幅がありますので、弁当全体では**2.5g**を目安に、ご飯とおかずを組み合わせてください。

3 野菜がたっぷり食べられます

1人分につき**100g**の緑黄色野菜を使っています。

4 たんぱく質が摂れます

1人分につき**100g**の肉（または魚、厚揚げ）と、卵1個を使っています。

5 食物繊維が無理なく摂れます

野菜から食物繊維が摂れるほか、食物繊維がたっぷり摂れる**常備菜**を積極的に活用しています。

“からだ思いの藤井弁当”はこんなお弁当です

卵焼き

▶ P.102~109

- たんぱく質が摂れます。
- 塩分控えめ調理。
- 油も控えめ調理。

野菜のおかず

▶ P.86~97

- 栄養価の高い緑黄色野菜を厳選。
- 塩分控えめ調理。野菜本来のおいしさが楽しめます。

腸活常備菜

▶ P.98~101

- 食物繊維が手軽に摂れます。

肉・魚・厚揚げのおかず

▶ P.24~83

- 高たんぱく低脂肪の食材や、欲しい栄養が摂れる食材を厳選。
- 塩分控えめ調理。おいしく味わえるように調味に工夫しています。
- 油も控えめ調理。

ご飯 ▶ P.22~23

- 『藤井弁当』(P.2の書籍)では1人分150gでしたが、本書では120gに減らしてお弁当のカロリーを下げています。
- ご飯を減らした分、野菜を増やして満足感をキープ。
- 食物繊維やミネラルを摂取できるご飯のアレンジレシピも紹介。

それでは、作ってみましょう。«

PART 4
卵焼き器で作る2品目
卵焼きのヘルシーレシピ集

この本のきまり

お弁当のこと

弁当箱は容量約500mℓのものを使っています。

“からだ思いの藤井弁当”は、ご飯は少なめですが、主菜や野菜のおかずをたっぷり詰めるお弁当なので、特別小さいものを用意する必要はありません。

前日余裕があれば、野菜をゆでておくとさらにラク。

あらかじめゆでておけば、「湯を沸かす」「野菜を切る」「ゆでる」という3工程が省けます。生活スタイルに合わせてできることをやっておくのも、お弁当作りが長続きするポイント。

おろししょうがやおろしにんにくは「チューブタイプ」でもかまいません。

しょうがもにんにくも、おろしたてのほうが断然風味がよいですが、お弁当作りは時間との勝負。手間がかからず、洗いものも出ない市販のチューブタイプを使い、効率よく作るのも長続きのコツです。

おかずの組み合わせ例を紹介しています。

PART2の「肉・魚・厚揚げのヘルシーおかず集」では、それぞれのおかずに合う野菜のおかずと卵焼きを弁当箱に詰めて紹介しています。お弁当のおかずの組み合わせを考えるときの参考にしてください。お弁当の詰め方の参考にもなります。

組み合わせは自由自在。カロリーや塩分の目標値を決めて調整を。

前述の「お弁当の組み合わせ例」はあくまでも一例です。すべてのおかずにカロリー、塩分量を表記していますので、自分の目標の数値に合わせて調整し、自由に組み合わせを楽しんでください。

梅干しやふりかけなどのご飯の友は塩分に注意。

梅干しは体にいい成分を含み、お弁当の彩りにもなります。ただし、塩分が高めなので、気になる人は果肉をちぎって少しだけ加えるなど、工夫をするとよいでしょう。

表記のこと

- 大さじ1＝15mℓ、小さじ1＝5mℓ、カップ1＝200mℓ、1合＝180mℓです。
- カロリー（kcal）、塩分量は、ことわりがない限り1人分です。

道具のこと

- 卵焼き器はコーティング加工を施してあるものを使用しています。大きさはP.3を参照してください。
- 電子レンジの加熱時間は600Wを基準にしています。500Wなら1.2倍、700Wなら0.8倍の時間で加熱してください。なお、機種により加熱時間が多少異なるので、取扱説明書の指示に従い、様子を見ながら加熱してください。

材料のこと

- 塩は「自然塩」を使っています。精製塩や塩けの強い塩を使っている場合は、分量よりも少なめにし、味をみて調整してください。
- しょうゆは「濃い口しょうゆ」、オリーブ油は「エクストラ・ヴァージン・オリーブオイル」を使用しています。みそは「米みそ（信州みそや仙台みそなど）」を使用していますが、ふだん使っているものでかまいません。
- サラダ油はクセのない「米油」や「太白ごま油」に代えてもかまいません。

作り方のこと

- 本書のレシピは、食材を洗う工程を済ませてからの手順を紹介しています。適宜行なってください。
- 火加減は、ことわりがない限りすべて「中火」です。

PART 1

まずはお試し3日間

卵焼き器で
“からだ思いの藤井弁当”を体験

1
弁当箱にご飯を詰めて、卵焼き器に湯を沸かす。

2
野菜、卵、肉（または魚、厚揚げ）の下ごしらえをする。

3
野菜をゆでて和え、卵を焼き、肉（または魚、厚揚げ）を調理する。

4
卵焼きを切って弁当箱におかずを詰める。

3日間、これを繰り返してみましょう。
卵焼き器を使ったお弁当作りが身についてきます。
もし、実感がわかないようなら、
もう一度同じお弁当を3日間作ってみてください。
お弁当作りの流れがつかめるだけでなく、
食べて体が元気になっていくのを感じられるはず。

準備する材料や調味料が少なめで作りやすい
お弁当からスタート。ブロッコリーは塩ゆでするだけ。
鶏肉は味を絡めて焼くだけ。卵焼きも
味つけは塩のみと、とてもシンプル。
食材のおいしさが実感できます。

お弁当1

■鶏むね肉の塩こしょうレモン焼き 143kcal／塩分1.1g

■塩ゆでブロッコリー 24kcal／塩分0.7g

■オリーブ油風味の卵焼き 81kcal／塩分0.5g

オリーブ油風味の卵焼き

材料（1人分）

卵…1個

B［水…大さじ1
　 塩…少量（0.3g）

オリーブ油…小さじ¼

塩ゆでブロッコリー

材料（1人分）

ブロッコリー
…100g（⅓株）

水…カップ1

塩…小さじ1

鶏むね肉の塩こしょうレモン焼き

材料（1人分）

鶏むね肉（皮なし）…100g

A［レモン汁…大さじ1
　 小麦粉…大さじ½
　 塩…小さじ⅕（1g）
　 こしょう…少量

サラダ油…小さじ½

準備

● ご飯を詰める

おかずを作る前に温かいご飯１２０gを弁当箱に平らに詰め、そのまま置いて冷ましておく。

▼

● 湯を沸かす

卵焼き器に水カップ1、塩小さじ1を入れて沸かす。

1 下ごしらえ

スタート!

ブロッコリーは小房に分ける。

▼

ボウルにBを入れて混ぜ、卵を加えて溶きほぐす。

▼

鶏肉はこぶしでたたいて厚みを均一にし、ひと口大に切り、ボウルに入れてAを絡める。

2 ブロッコリーをゆでる

沸騰した湯にブロッコリーを入れ、
ときどき箸で返しながら1分30秒ゆでる。
ゆで上がったらキッチンペーパーを敷いた
バットに取り出して冷ます。

3 卵焼きを作る

（詳しい作り方はP.104〜105）

卵焼き器の湯を捨てて
強めの中火にかけ、
オリーブ油半量を全体に薄くひく。
卵液の半量を入れて全体に広げ、
表面が乾いてきたら手前にくるくる巻く。

手前まで巻いた卵を奥に寄せ、
残りのオリーブ油を全体に薄くひき、
残りの卵液を入れて広げる。
表面が乾いてきたら
1回目に焼いた卵を芯にして手前に巻き、
バットに取り出して冷ます。

4 鶏肉を焼く

卵焼き器にサラダ油を熱し、
鶏肉を入れて1分30秒～2分焼く。

冷ます！

こんがりと焼き色が
ついたら上下を返し、
同様に1分30秒～2分焼き、
バットに取り出して冷ます。

5 卵焼きを切る

弁当箱の深さに
合わせて4等分に
切ってもOK！

卵焼きを3等分に切る。

6 弁当箱に詰める

はじめに卵焼きを入れて、

次にブロッコリーを詰め、

ご飯もおかずも
冷ましてあるから、
時間をおかずに
ふたをしても大丈夫！

すき間に鶏肉を
ぎゅっと詰める。

でき上がり！

お弁当2

- 塩さばのしょうが焼き 287kcal／塩分1.8g
- 塩ゆでチンゲン菜 8kcal／塩分0.6g
- ごま油香る卵焼き 81kcal／塩分0.5g

塩さばにしょうがの風味をきかせて焼き上げます。卵焼きのごま油も香りのアクセントに。

ごま油香る卵焼き

材料（1人分）

卵…1個

B［水…大さじ1／塩…少量（0.3g）］

ごま油…小さじ¼

塩ゆでチンゲン菜

材料（1人分）

チンゲン菜…100g（1株）

水…カップ1

塩…小さじ1

塩さばのしょうが焼き

材料（1人分）

塩さば…100g

A［酒…大さじ½／おろししょうが…小さじ1］

サラダ油…小さじ1〜大さじ½

準備

●湯を沸かす

卵焼き器に水カップ1、塩小さじ1を入れて沸かす。

●ご飯を詰める

ご飯120gを弁当箱に平らに詰め、そのまま置いて冷ます。

＼スタート！／

1 下ごしらえ

チンゲン菜は4㎝長さに切る。

▼

Bを混ぜ、卵を加えて溶きほぐす。

▼

塩さばは斜め3〜4等分に切り、Aを絡める。

2 チンゲン菜をゆでる

ゆでたら
バットで冷ます！

沸騰した湯でチンゲン菜を1分ゆで、水けをしぼる。

▼

3 卵焼きを作る

焼けたら
バットで冷ます！

卵焼き器にごま油半量を強めの中火で熱し、卵液の半量を流してくるくる巻く。残りも同じように巻く。

（詳しい作り方は
P.104～105）

4 塩さばを焼く

焼けたら
バットで冷ます！

サラダ油を熱して塩さばの皮目を下にして入れ、両面を2分～2分30秒ずつ焼く。キッチンペーパーで余分な油をふき取る。

▼

5 卵焼きを切る

卵焼きを3等分に切る。

▼

6 弁当箱に詰める

でき上がり!

卵焼き、チンゲン菜、塩さばの順に詰める。

お弁当3

- **厚揚げのごまみそ煮** 180kcal／塩分1.1g
- オクラのおかか和え 28kcal／塩分0.9g
- 塩卵焼き 81kcal／塩分0.5g

厚揚げに絡めたごまやみそで、
コクと食べごたえがアップ。
オクラを和えたおかかにも
うまみたっぷり。

塩卵焼き

材料（1人分）

卵…1個

C［水…大さじ1
　 塩…少量（0.3g）

サラダ油…小さじ¼

オクラのおかか和え

材料（1人分）

オクラ…100g（5〜6本）

水…カップ1

塩…小さじ1

B［削り節…大さじ1
　 しょうゆ…少量

厚揚げのごまみそ煮

材料（1人分）

厚揚げ…100g

A［水…大さじ3
　 みそ…大さじ½
　 すり白ごま…大さじ½
　 七味唐辛子…少量

準備

●湯を沸かす

卵焼き器に水カップ1、塩小さじ1を入れて沸かす。

●ご飯を詰める

ご飯120gを弁当箱に平らに詰め、そのまま置いて冷ます。

スタート！

1 下ごしらえ

オクラはがくをむいて斜め2〜3等分に切る。

▼

Cを混ぜ、卵を加えて溶きほぐす。

▼

厚揚げは1cm幅のひと口大に切り、Aを絡める。

2 オクラのおかか和えを作る

沸騰した湯でオクラを1分ゆでる。

▼

そのまま冷ます！

水けをきってBで和える。

▼

3 卵焼きを作る

焼けたら
バットで冷ます！

卵焼き器にサラダ油半量を強めの中火で熱し、卵液の半量を流してくるくる巻く。残りも同じように巻く。

（詳しい作り方はP.104〜105）

4 厚揚げを煮る

煮えたら
バットで冷ます！

厚揚げを入れて火にかけ、ときどき上下を返しながら2〜3分煮絡める。

▼

5 卵焼きを切る

卵焼きを3等分に切る。

▼

6 弁当箱に詰める

卵焼き、オクラ、厚揚げの順に詰める。

でき上がり!

ご飯 ヘルシーアップのススメ

[Column 1]

主食の白ご飯に、雑穀や発芽玄米などを加えて炊くのもおすすめです。
食物繊維やミネラルなどの栄養が手軽に摂取できます。

187kcal
塩分0.0g
（1人分120g）

白米のご飯

もち麦ご飯

材料（2合分）
白米…1½合
もち麦…½合

炊き方
白米ともち麦は合わせて洗い、水けをきる。炊飯器の内釜に入れて水450mℓを注ぎ（雑穀モードがある場合は、雑穀の2合の目盛まで注ぎ）、30分以上浸水させてから炊く。

もち麦には血糖値の上昇を緩やかにする水溶性食物繊維「β-グルカン」が豊富に含まれています

雑穀ご飯

材料（2合分）
白米…1½合
雑穀ミックス…½合

炊き方
白米と雑穀ミックスはそれぞれ洗い、水けをきる。炊飯器の内釜に入れて水450mℓを注ぎ（雑穀モードがある場合は、雑穀の2合の目盛まで注ぎ）、30分以上浸水させてから炊く。

五穀米や十六穀米など雑穀ミックスは何を選んでもOK。ビタミン、ミネラル、食物繊維が手軽に摂れます

しらたきご飯

材料（2合分）
白米…1合（150g）
しらたき…150g

炊き方
しらたきは熱湯で4〜5分ゆでて水けをきり、みじん切りにする。米は洗って水けをきり、炊飯器の内釜に入れて水200mℓを注ぎ（白米の1合の目盛まで注ぎ）、30分以上浸水させ、しらたきをのせて炊く。

しらたきでご飯が大幅にカロリーダウンできます。しらたきと白米を1：1の重さで炊くのがおすすめ

発芽玄米ご飯

材料（2合分）
白米…1合
発芽玄米…1合

炊き方
白米と発芽玄米は合わせて洗い、水けをきる。炊飯器の内釜に入れて水450mℓを注ぎ（白米の2合の目盛まで注ぎ）、30分以上浸水させてから炊く。

発芽玄米には食物繊維やミネラルのほか、ストレス軽減や睡眠の向上に効果的といわれる機能成分「ギャバ」も豊富

ご飯の冷凍術

冷凍保存しておけば、朝がラクチン。
レンジ加熱で炊きたてのおいしさがよみがえります。

※しらたきご飯は、解凍したときにしらたきがややかたく感じることも。気になる場合は冷凍保存せず、早めに食べきりましょう。

ラップを広げ、炊きたてのご飯120gをふわっとのせる。ぎゅうぎゅうまとめず、ご飯が空気を含んだまま包むとレンジ加熱したときにふっくらと温まる。

▶

包み終わりを下にして冷凍室へ。金属製のトレイにのせれば、より早く冷凍できる。

PART 2

卵焼き器で作る3品目

肉・魚・厚揚げのヘルシーおかず集

高たんぱく低脂肪の肉、魚、厚揚げを使った
ヘルシーな主菜をどーんと39品ご紹介。
食材はすべて1人分の分量が「100g」と、わかりやすい設定にしました。
塩分控えめでもおいしくなるように、味つけにも工夫しています。
どれも卵焼き器ひとつで、食材ひとつで作れるレシピだから、
毎日無理なく続けられます。
副菜、卵焼きとの組み合わせ例もあわせて紹介しているので、
ぜひ参考にしてください。

主菜におすすめの食材

豚肉

疲労回復効果の高いビタミンB_1を
多く含みます。B_1は糖質の分解を助け、
エネルギーに変える働きも。
鉄、リン、カリウムも豊富です。

もも肉

171kcal
塩分0.1g

薄切り肉を選び、くるくる巻いて調理するのがおすすめ。

ロース肉

248kcal
塩分0.1g

しゃぶしゃぶ用の肉を使うと、加熱してもやわらかい食感に。

ヒレ肉

118kcal
塩分0.1g

火を通しすぎるとかたくなるので注意しましょう。

ひき肉

171kcal
塩分0.1g

低カロリーの赤身肉を使ったひき肉を選びましょう。

鶏肉

必須アミノ酸のバランスがよい
良質なたんぱく質が豊富で、消化吸収率が
高いのが特徴です。美容ビタミンといわれる
ビタミンB_2も含んでいます。

むね肉（皮なし）

105kcal
塩分0.1g

皮つきの場合、皮と一緒に黄色っぽい脂肪も合わせて取り除きましょう。

ささ身

98kcal
塩分0.1g

筋のついているものは取り除いてから調理しましょう。

ひき肉

133kcal
塩分0.1g

低カロリーのむね肉を使用したひき肉がおすすめです。

魚

肉にはない栄養が摂れるので、お弁当にも積極的に使いましょう。
とくに血液をサラサラにするEPAや脳の働きを活性化させるDHAといった
不飽和脂肪酸を多く含む青魚がおすすめです。

さわら

161kcal
塩分0.2g

魚の中ではたんぱく質が多く、ビタミンDも豊富です。

塩さば

263kcal
塩分1.8g

さばはEPA、DHAともに魚の中でトップレベルの含有量です。

銀だら

210kcal
塩分0.2g

魚の中ではビタミンAの含有量がトップクラス。

さけ

124kcal
塩分0.2g

さけの赤い色はカロテノイドの一種で、抗酸化作用の高いアスタキサンチンです。

ぶり

222kcal
塩分0.1g

EPA、DHAのほか、ビタミンB_1、B_2も豊富に含まれています。

厚揚げ

大豆由来の良質なたんぱく質が豊富で、
カルシウムや鉄も多く、イソフラボンという
抗酸化物質は更年期などによる
女性の不調の改善が期待できます。
水分の多い豆腐と違い、一度揚げてあるので
お弁当のおかずにも向いています。

143kcal
塩分0.0g

厚揚げには絹と木綿がありますが、栄養価の高い木綿の厚揚げがおすすめ。

お弁当のギモン① ― 主菜の減塩のコツ、教えて！

1 調味料は計量する

計量スプーンがないときは自分の「少量(少々)」「ひとつまみ」を把握しておくのもよいでしょう。レシピでよく見かける表記ですが、人によって指の太さが異なるため、じつは誤差が生まれやすいのです。小柄な私の場合、少量＝0.3g(→プレーンな卵焼きの塩分量です)になります。0.1g単位で量れるキッチンスケールで、自分の指でつまんだ塩の重さを量ってみるとよいでしょう。

減塩するなら塩加減は目分量で行なわず、計量が必須。とはいえ、1人分のお弁当のおかずに加える塩分は微量で量りにくいのも事実。そんなときに便利なのが小さじ1の1/5の分量を量れる1mℓの計量スプーンです。肉や魚100gに対して1%の塩(1g=1mℓ)が味つけの目安となるので、1本持っておくと重宝します。

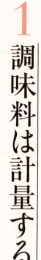

2 コクとうまみを補う

ヨーグルトや酒粕を食材に絡めるとコクとうまみを補えます。どちらも塩分をほぼ含んでいないため、減塩調味に向いています。甘みを補いたいときには、砂糖のかわりに甘酒やはちみつを。甘酒には麴由来のうまみがあり、はちみつにはうまみにつながるアミノ酸が豊富に含まれています。

3 酸味で塩味を増強

酸味には塩味を強く感じさせる効果があるといわれており、酢やレモンなどの柑橘果汁をプラスすれば、薄味が気にならなくなります。微量の酸味でもその効果を期待できるので、酸っぱい味が苦手な人にもおすすめです。

4 香辛料でカバー

こしょう、カレー粉、クミンパウダーといったスパイス、一味や七味唐辛子、粉山椒といった和の香辛料は、適量使うことで特徴的な香りや刺激的な辛みが、減塩による味のもの足りなさをカバーしてくれます。

肉のおかず

（鶏むね肉）

168kcal
塩分1.0g

■揚げなくても、ちゃんと竜田！

鶏むね肉の竜田焼き

作り方

1 鶏肉はこぶしでたたいて厚みを均一にし、ひと口大に切る。

2 ボウルに**1**を入れ、**A**を絡める。

3 卵焼き器にサラダ油を熱し、鶏肉を入れて両面を1分30秒〜2分ずつ焼く。こんがりと焼き色がついたら、バットに取り出して冷ます。

材料（1人分）

鶏むね肉（皮なし）…100g

A
- 片栗粉…大さじ1
- しょうゆ…小さじ1
- おろししょうが…小さじ1
- 酒…小さじ½

サラダ油…小さじ½

組み合わせ例

■ 甘酒塩麹
卵焼き（P.106）

■ パプリカの
ごま和え（P.92）

鶏むね肉の
竜田焼き
（P.30）

■しっとりやわらか食感

鶏むね肉の塩麹焼き

137kcal
塩分 1.0g

材料（1人分）

鶏むね肉（皮なし）…100g
塩麹…小さじ1
サラダ油…小さじ½

作り方

1 鶏肉はこぶしでたたいて厚みを均一にし、ひと口大に切る。
2 ボウルに**1**を入れ、塩麹を絡める。
3 卵焼き器にサラダ油を熱し、鶏肉を入れて両面を1分30秒〜2分ずつ焼く。バットに取り出して冷ます。

■オイスターソースでうまみアップ

鶏むね肉のオイスターソース焼き

147kcal
塩分 0.8g

材料（1人分）

鶏むね肉（皮なし）…100g
A
- 片栗粉…小さじ1
- オイスターソース…小さじ1
- 酒…小さじ½
- おろししょうが…小さじ½

サラダ油…小さじ½

作り方

1 鶏肉はこぶしでたたいて厚みを均一にし、ひと口大に切る。
2 ボウルに**1**を入れ、**A**を絡める。
3 卵焼き器にサラダ油を熱し、鶏肉を入れて両面を1分30秒〜2分ずつ焼く。こんがりと焼き色がついたら、バットに取り出して冷ます。

■香りと刺激で大満足

鶏むね肉の塩麹カレー煮

125kcal
塩分 1.0g

材料（1人分）

鶏むね肉（皮なし）…100g
A
- 水…大さじ2
- 塩麹…小さじ1
- カレー粉…小さじ1
- おろししょうが…小さじ½

作り方

1 鶏肉はこぶしでたたいて厚みを均一にし、ひと口大に切る。
2 ボウルに**1**を入れ、**A**を絡める。
3 卵焼き器に鶏肉を入れて火にかけ、ときどき上下を返しながら、汁けがなくなるまで3〜4分煮絡める。バットに取り出して冷ます。

組み合わせ例

■細ねぎ入り卵焼き
(P.106)

■にんじんの
七味唐辛子和え
(P.94)

鶏むね肉の
塩麹焼き
(P.32)

組み合わせ例

■甘辛卵焼き
(P.106)

■ほうれん草の
ごま和え(P.96)

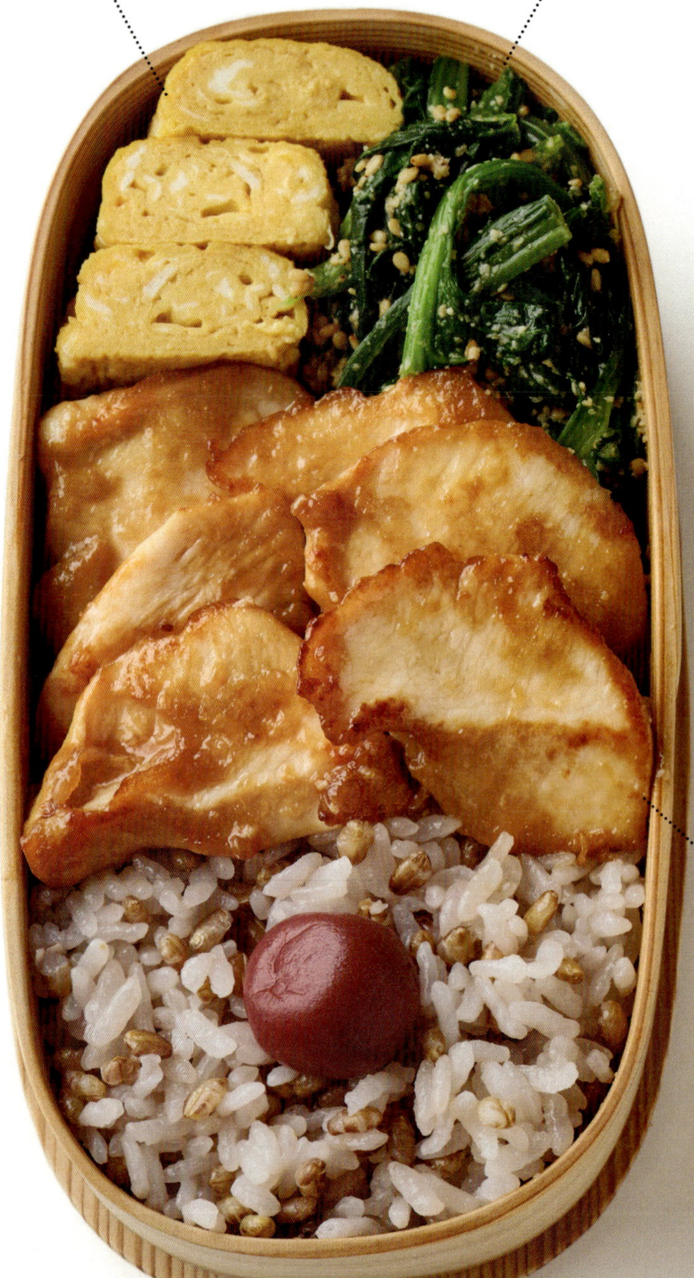

鶏むね肉の
オイスター
ソース焼き
(P.32)

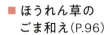

■ 韓国のりの卵焼き（P.107）

■ 小松菜のナムル（P.95）

鶏むね肉の塩麹カレー煮（P.32）

■ 塩ゆできのこ（P.101）

（鶏ささ身）

鶏ささ身のごま油塩炒め

■細切りにして食べやすく

135kcal
塩分 1.1g

材料（1人分）

鶏ささ身…100g

A
- 片栗粉…小さじ1
- 酒…小さじ1
- 塩…小さじ⅕（1g）

ごま油…小さじ½

作り方

1 鶏肉はこぶしでたたいて厚みを均一にし、細切りにする。
2 ボウルに**1**を入れ、**A**を絡める。
3 卵焼き器にごま油を熱し、鶏肉を入れてこんがりと色がつくまで3～4分炒める。バットに取り出して冷ます。

鶏ささ身のみそ煮

■和と中華のWみそ使い

118kcal
塩分 1.2g

材料（1人分）

鶏ささ身…100g

A
- 水…大さじ2
- 酒…大さじ½
- みそ…小さじ1
- 豆板醤…小さじ⅓

作り方

1 鶏肉はこぶしでたたいて厚みを均一にし、2～3等分に切る。
2 ボウルに**1**を入れ、**A**を絡める。
3 卵焼き器に鶏肉を入れて火にかけ、ときどき上下を返しながら、汁けがなくなるまで2～3分煮絡める。バットに取り出して冷ます。

鶏ささ身のピカタ風

■マヨが卵と油の二役兼ねる

145kcal
塩分 1.2g

材料（1人分）

鶏ささ身…100g

A
- 小麦粉…大さじ½
- 塩…小さじ⅕（1g）
- こしょう…少量

マヨネーズ…小さじ1

作り方

1 鶏肉はこぶしでたたいて厚みを均一にし、2～3等分に切る。
2 ボウルに**1**を入れ、**A**を絡める。
3 卵焼き器を火にかけ、鶏肉にマヨネーズを絡めて入れる。全体にこんがりと焼き色がつくまで3～4分焼く。バットに取り出して冷ます。

組み合わせ例

■ 梅しそ卵焼き
（P.107）

■ ブロッコリーの
おかか和え（P.91）

鶏ささ身の
ごま油塩炒め
（P.36）

組み合わせ例

■ ひじき入り
卵焼き（P.108）

■ オクラの
ナムル（P.93）

鶏ささ身の
みそ煮
（P.36）

ドライパセリと
粉チーズの
卵焼き(P.107)
鶏ささ身の
ピカタ風
(P.36)
にんじんの
レモン和え
(P.94)

（豚もも薄切り肉）

豚もも肉の のりのつくだ煮 ロール煮

■ のりのつくだ煮が絶品ソースに

208kcal
塩分 0.9g

材料（1人分）

豚もも薄切り肉…100g

A
- のりのつくだ煮…小さじ2
- 酒…小さじ1
- 片栗粉…小さじ1

水…大さじ2

作り方

1. Aはよく混ぜる。
2. 豚肉はまな板に縦長に広げて置き、表面に**1**をぬり、ひと口大に巻く。
3. 卵焼き器に**2**を並べて水を入れ、火にかける。煮立ったらときどき上下を返しながら4分ほど煮る。

豚もも肉の わさびロール焼き

■ 辛み無し。わさびの風味豊か

223kcal
塩分 1.5g

材料（1人分）

豚もも薄切り肉…100g

A
- 片栗粉…小さじ1
- 練りわさび…小さじ1
- 酒…小さじ1
- 塩…小さじ⅕（1g）

サラダ油…小さじ½

作り方

1. Aはよく混ぜる。
2. 豚肉はまな板に縦長に広げて置き、表面に**1**をぬり、ひと口大に巻く。
3. 卵焼き器にサラダ油を熱し、**2**を並べて両面を1分ずつ焼く。バットに取り出して冷ます。

豚もも肉の 塩麹クミンロール 焼き

■ 爽快な香りがクセになる

219kcal
塩分 1.0g

材料（1人分）

豚もも薄切り肉…100g

A
- 片栗粉…小さじ1
- 塩麹…小さじ1
- クミンパウダー…小さじ½
- こしょう…少量

サラダ油…小さじ½

作り方

1. Aはよく混ぜる。
2. 豚肉はまな板に縦長に広げて置き、表面に**1**をぬり、ひと口大に巻く。
3. 卵焼き器にサラダ油を熱し、**2**を並べて両面を1分ずつ焼く。バットに取り出して冷ます。

組み合わせ例

甘酒塩麹
卵焼き
(P.106)
豚もも肉の
のりのつくだ煮
ロール煮
(P.40)
レンチン
切り干し大根
(P.100)
チンゲン菜の
赤じそ和え(P.97)

組み合わせ例

■オクラの
黒ごま和え(P.93)

■大豆入り
みそ卵焼き
(P.109)

豚もも肉の
わさびロール焼き
(P.40)

■甘辛卵焼き
（P.106）

■にんじんの
しょうゆ麹和え（P.94）

豚もも肉の
塩麹クミン
ロール焼き
（P.40）

（豚ロース薄切り肉）

豚ロース肉の塩麹しょうが焼き

冷めても変わらぬおいしさ

288kcal
塩分1.0g

材料（1人分）

豚ロース薄切り肉（しゃぶしゃぶ用）…100g

A
- 塩麹…小さじ1
- 酒…小さじ1
- おろししょうが…小さじ1

サラダ油…小さじ½

作り方

1 ボウルに豚肉を入れ、Aを絡める。
2 卵焼き器にサラダ油を熱し、1を広げて入れ、両面を1分ずつ焼く。バットに取り出して冷ます。

豚ロース肉の梅オイスター煮

酸味・塩味・コクのバランスが◎

261kcal
塩分0.9g

材料（1人分）

豚ロース薄切り肉（しゃぶしゃぶ用）…100g

A
- 水…大さじ2
- オイスターソース…小さじ1
- 酒…小さじ1
- 梅肉…小さじ⅓

作り方

1 ボウルに豚肉を入れ、Aを絡める。
2 卵焼き器に1を入れ、ときどき混ぜながら、汁けがなくなるまで2〜3分炒り煮にする。バットに取り出して冷ます。

豚ロース肉のポン酢炒め

鍋ものだけじゃもったいない！

280kcal
塩分1.0g

材料（1人分）

豚ロース薄切り肉（しゃぶしゃぶ用）…100g

A
- ポン酢しょうゆ…小さじ2
- 片栗粉…小さじ½

サラダ油…小さじ½

作り方

1 ボウルに豚肉を入れ、Aを絡める。
2 卵焼き器にサラダ油を熱し、1を広げて入れ、両面を1〜2分ずつ焼く。バットに取り出して冷ます。

組み合わせ例

■切り干し大根入り
卵焼き（P.109）

■ブロッコリーの
とろろ昆布和え（P.91）

豚ロース肉の
塩麹しょうが焼き
（P.44）

組み合わせ例

ゆでごぼう入り
卵焼き（P.109）
ほうれん草の
ごま和え（P.96）
豚ロース肉の
梅オイスター煮
（P.44）
もどしわかめ
（P.101）

■ 細ねぎ入り卵焼き（P.106）

■ パプリカの粒マスタード和え（P.92）

豚ロース肉のポン酢炒め（P.44）

豚ヒレ肉

豚ヒレ肉の中濃ソース煮

■長時間煮込んだような味

147kcal
塩分 0.8g

材料（1人分）

豚ヒレかたまり肉…100g

A
- 水…大さじ2
- 中濃ソース…小さじ2
- みりん…小さじ1

作り方

1. 豚肉は1㎝幅に切る。
2. ボウルに**1**を入れ、**A**を絡める。
3. 卵焼き器に**2**を入れて火にかけ、ときどき上下を返しながら、汁けがなくなるまで2〜3分煮絡める。バットに取り出して冷ます。

豚ヒレ肉のヨーグルトみそ焼き

■肉の中までうまみじんわり

158kcal
塩分 1.2g

材料（1人分）

豚ヒレかたまり肉…100g

A
- プレーンヨーグルト…大さじ½
- みそ…大さじ½

サラダ油…小さじ½

作り方

1. 豚肉は1㎝幅に切る。
2. ボウルに**1**を入れ、**A**を絡める。
3. 卵焼き器にサラダ油を熱し、**2**を入れて両面を2分ずつ焼く。バットに取り出して冷ます。

豚ヒレ肉のふんわり揚げ焼き

■ふんわりの秘密はマヨネーズ

252kcal
塩分 1.1g

材料（1人分）

豚ヒレかたまり肉…100g

A
- 小麦粉…大さじ1
- 水…大さじ½
- しょうゆ…小さじ1
- マヨネーズ…小さじ1
- 酒…小さじ1
- おろしにんにく…少量

サラダ油…適量

作り方

1. 豚肉は1㎝幅に切る。
2. ボウルに**1**を入れ、**A**を絡める。
3. 卵焼き器の5㎜深さまでサラダ油を入れて熱し、**2**を入れる。ときどき上下を返しながら、2〜3分揚げ焼きにする。キッチンペーパーを敷いたバットに取り出して冷ます。

組み合わせ例

■ドライパセリと
粉チーズの卵焼き
（P.107）
■パプリカの
粒マスタード和え
（P.92）
豚ヒレ肉の
中濃ソース煮
（P.48）
■ゆでごぼう
（P.101）

組み合わせ例

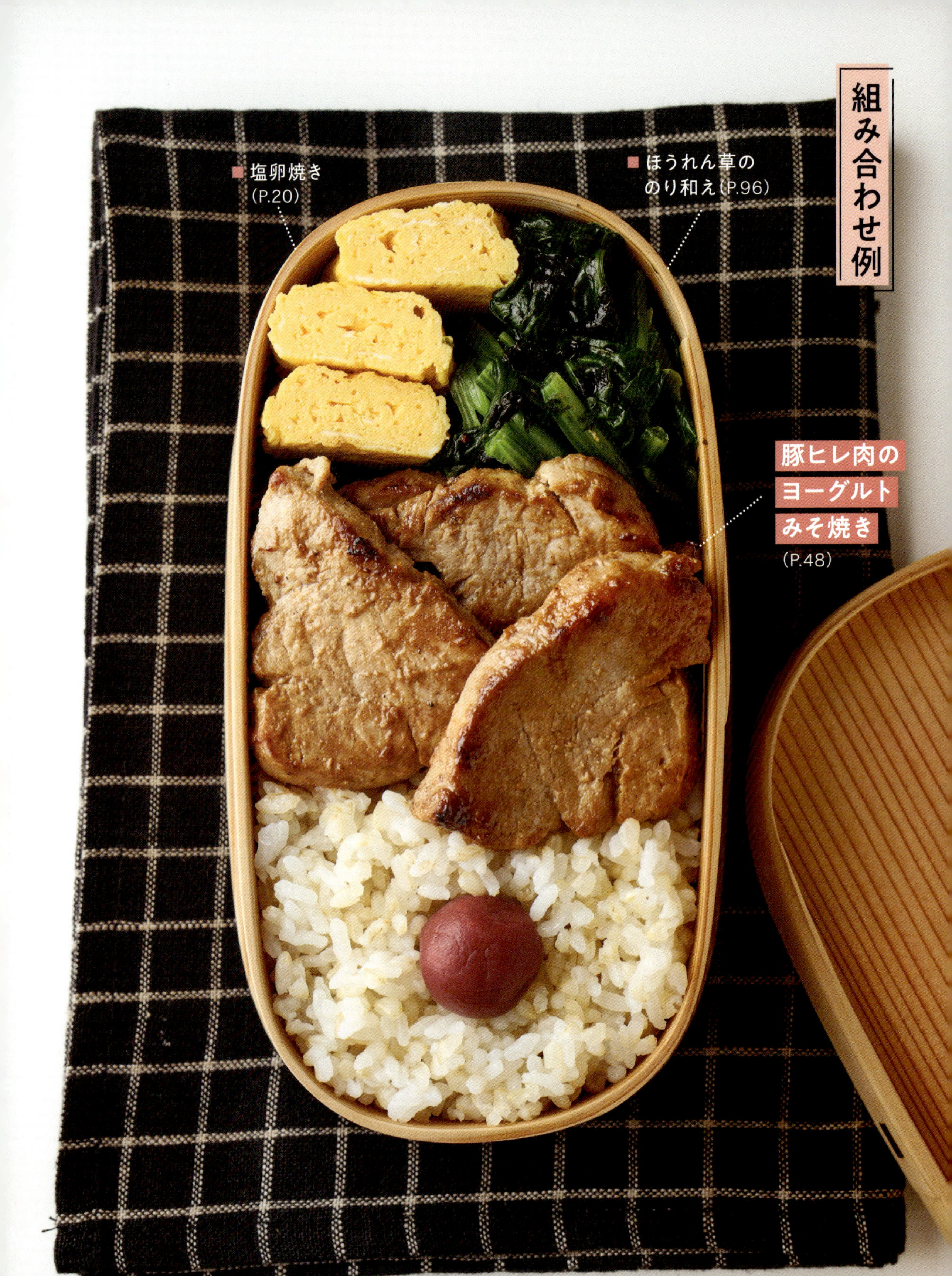

塩卵焼き
(P.20)
ほうれん草の
のり和え(P.96)
豚ヒレ肉の
ヨーグルト
みそ焼き
(P.48)

■わかめ入り
卵焼き（P.108）

■小松菜の
ごま梅和え（P.95）

豚ヒレ肉の
ふんわり揚げ焼き
（P.48）

鶏むねひき肉

154kcal
塩分 1.0g

発酵調味料のおいしさ炸裂

鶏ひき肉の甘酒塩麹そぼろ

材料（1人分）

鶏むねひき肉…100g

A
- 甘酒（ストレートタイプ）…大さじ½
- 塩麹…小さじ1
- おろししょうが…小さじ1

作り方

1. ボウルにひき肉と**A**を入れて混ぜる。
2. 卵焼き器に**1**を入れて火にかけ、箸で混ぜながら、汁けがしっかりとぶまで2〜3分炒りつける。バットに取り出して冷ます。

177kcal
塩分 1.2g

タイの食堂にありそうな味！

鶏ひき肉のエスニックつくね

材料（1人分）

鶏むねひき肉…100g

A
- レモン汁…小さじ2
- 砂糖…小さじ1
- ナンプラー…小さじ½
- オイスターソース…小さじ½
- おろしにんにく…小さじ½
- 一味唐辛子…少量

サラダ油…小さじ½

作り方

1. ボウルにひき肉と**A**を入れて練り混ぜ、2等分にして小判形に整える。
2. 卵焼き器にサラダ油を熱し、**1**を並べて両面を2〜3分ずつ焼く。バットに取り出して冷ます。

豚赤身ひき肉

186kcal
塩分 1.1g

■ご飯にかければキーマカレー
豚ひき肉のスパイシーそぼろ

材料（1人分）

豚赤身ひき肉…100g

A
- 白ワイン（または酒）…大さじ½
- クミンパウダー…小さじ½
- 粗びき黒こしょう…小さじ½
- 塩…小さじ⅕（1g）
- おろしにんにく…少量

作り方

1 ボウルにひき肉とAを入れて混ぜる。

2 卵焼き器に1を入れて火にかけ、箸で混ぜながら、汁けがしっかりとぶまで2〜3分炒りつける。バットに取り出して冷ます。

198kcal
塩分 1.0g

■ふわふわジューシー！
豚ひき肉だんごの甘酢あん煮

材料（1人分）

豚赤身ひき肉…100g

A
- 酒…小さじ1
- おろししょうが…小さじ1

B
- 水…大さじ3
- 酢…小さじ2
- しょうゆ…小さじ1
- 砂糖…小さじ½
- 片栗粉…小さじ½

作り方

1 ボウルにひき肉とAを入れて練り混ぜ、6等分にして丸める。これをBと合わせる。

2 卵焼き器に1を入れて火にかけ、煮汁をへらで混ぜながら煮立てる。ときどき肉だんごを転がしながら3分ほど煮絡める。バットに取り出して冷ます。

組み合わせ例

鶏ひき肉の
エスニックつくね
(P.52)
切り干し大根入り
卵焼き(P.109)
オクラの
カレー粉和え
(P.93)

■ チンゲン菜の
ナムル（P.97）
■ ゆでごぼう入り
卵焼き（P.109）
鶏ひき肉の
甘酒塩麹そぼろ
（P.52）

組み合わせ例

■ 塩ゆできのこ入り
卵焼き（P.108）

■ ブロッコリーの
おかか和え（P.91）

豚ひき肉だんごの
甘酢あん煮
（P.53）

塩ゆできのこ
(P.101)
細ねぎ入り
卵焼き(P.106)
豚ひき肉の
スパイシーそぼろ
(P.53)
パプリカの
ごま和え(P.92)

魚のおかず

塩さば

■ 粉のおかげで皮がパリパリ

塩さばのムニエル風

作り方

1 塩さばは斜め3〜4等分に切り、Aを絡める。

2 卵焼き器にサラダ油を熱し、1の皮目を下にして入れ、両面を2分〜2分30秒ずつ焼く。卵焼き器の余分な油をキッチンペーパーでふき取り、塩さばをバットに取り出して冷ます。

材料（1人分）

塩さば…100g

A
- 白ワイン（または酒）…大さじ½
- 小麦粉…大さじ½
- こしょう…少量

サラダ油…小さじ1〜大さじ½

組み合わせ例

■ 梅しそ卵焼き
(P.107)

■ ほうれん草の
粒マスタード和え
(P.96)

塩さばの
ムニエル風
(P.58)

塩さば

塩さばの粉山椒焼き

■山椒の上品な香りがふわ〜り

295kcal
塩分 1.8g

材料（1人分）

塩さば…100g

A
- 酒…大さじ1
- 粉山椒…小さじ⅓〜½

サラダ油…小さじ1〜大さじ½

作り方

1. 塩さばは斜め3〜4等分に切り、Aを絡める。
2. 卵焼き器にサラダ油を熱し、1の皮目を下にして入れ、両面を2分〜2分30秒ずつ焼く。卵焼き器の余分な油をキッチンペーパーでふき取り、塩さばをバットに取り出して冷ます。

塩さばのビネガー煮

■そこはかとなく、しめさば

282kcal
塩分 1.8g

材料（1人分）

塩さば…100g

A
- 白ワインビネガー…大さじ1
- 白ワイン（または酒）…大さじ1
- 水…大さじ1
- おろしにんにく…小さじ⅓
- 粗びき黒こしょう…小さじ⅓

作り方

1. 塩さばは斜め3〜4等分に切り、Aを絡める。
2. 卵焼き器に1を入れて火にかけ、ときどき上下を返しながら、汁けがなくなるまで4〜5分煮絡める。バットに取り出して冷ます。

塩さばのごま油焼き

■酒を絡めてツヤよく仕上げる

285kcal
塩分 1.8g

材料（1人分）

塩さば…100g

酒…大さじ½

ごま油…小さじ1〜大さじ½

作り方

1. 塩さばは斜め3〜4等分に切り、酒を絡める。
2. 卵焼き器にごま油を熱し、1の皮目を下にして入れ、両面を2分〜2分30秒ずつ焼く。卵焼き器の余分な油をキッチンペーパーでふき取り、塩さばをバットに取り出して冷ます。

組み合わせ例

■ごま油香る卵焼き(P.18)

■チンゲン菜の辛子和え(P.97)

塩さばの粉山椒焼き(P.60)

組み合わせ例

■ドライパセリと
粉チーズの卵焼き
（P.107）

■パプリカの
ソース和え
（P.92）

■ゆでひじき
（P.100）

塩さばの
ビネガー煮
（P.60）

■ わかめ入り
卵焼き（P.108）

■ にんじんの
カレーみそ和え
（P.94）

塩さばの
ごま油焼き
（P.60）

（さけ）

さけの塩麹みりん焼き

■白いご飯と最高の相性

170kcal
塩分1.1g

材料（1人分）

生ざけ…100g（1切れ）

A
- 塩麹…小さじ1
- みりん…小さじ1

サラダ油…小さじ1〜大さじ½

作り方

1 さけは2〜3等分に切り、Aを絡める。

2 卵焼き器にサラダ油を熱し、1を入れて両面を2分〜2分30秒ずつ焼く。卵焼き器の余分な油をキッチンペーパーでふき取り、さけをバットに取り出して冷ます。

さけのはちみつレモン照り煮

■甘みと酸味の名コンビ

153kcal
塩分1.0g

材料（1人分）

生ざけ…100g（1切れ）

A
- 水…大さじ2
- レモン汁…大さじ½
- しょうゆ…小さじ1
- はちみつ…小さじ1

作り方

1 さけはAを絡める（さけを食べやすい大きさに切ってもOK）。

2 卵焼き器に1を入れて火にかけ、ときどき上下を返しながら、汁けがなくなるまで4〜5分煮絡める。バットに取り出して冷ます。

さけのみそ粕焼き

■酒粕で味に深みをプラス

185kcal
塩分1.3g

材料（1人分）

生ざけ…100g（1切れ）

A
- みそ…大さじ½
- 酒粕（やわらかくしたもの）…小さじ1
- みりん…小さじ1

サラダ油…小さじ1〜大さじ½

作り方

1 さけは2〜3等分に切る。Aをよく混ぜ、さけに絡める。

2 卵焼き器にサラダ油を熱し、1を入れて両面を2分〜2分30秒ずつ焼く。卵焼き器の余分な油をキッチンペーパーでふき取り、さけをバットに取り出して冷ます。

組み合わせ例

■大豆入りみそ卵焼き(P.109)

■オクラの梅和え(P.93)

さけの塩麹みりん焼き(P.64)

組み合わせ例

■ 塩ゆできのこ入り卵焼き（P.108）

■ ブロッコリーのごまマヨ和え（P.91）

さけのはちみつレモン照り煮
（P.64）

■ひじき入り
卵焼き(P.108)
■小松菜の
おかか和え(P.95)
さけの
みそ粕焼き
(P.64)

ぶり

ぶりのみそ照り焼き

■皮までしっかり焼けば臭み知らず

267kcal
塩分 0.8g

材料（1人分）

ぶり…100g（1切れ）

A
- みそ…小さじ1
- みりん…小さじ1
- 酒…小さじ1
- おろししょうが…小さじ½

サラダ油…小さじ1～大さじ½

作り方

1 ぶりはAを絡める（ぶりを食べやすい大きさに切ってもOK）。

2 卵焼き器にサラダ油を熱し、**1**を入れて両面を2分～2分30秒ずつ焼く。卵焼き器の余分な油をキッチンペーパーでふき取り、ぶりをバットに取り出して冷ます。

ぶりのしょうゆ麴煮

■おろししょうがで味にメリハリ

256kcal
塩分 0.5g

材料（1人分）

ぶり…100g（1切れ）

A
- 水…大さじ3
- 酒…大さじ1
- しょうゆ麴…大さじ½
- おろししょうが…小さじ1

作り方

1 ぶりは2～3等分に切り、Aを絡める。

2 卵焼き器に**1**を入れて火にかけ、ときどき上下を返しながら、汁けがなくなるまで4～5分煮絡める。バットに取り出して冷ます。

ぶりの韓国風香味焼き

■たっぷり薬味がうまさの鍵

272kcal
塩分 0.9g

材料（1人分）

ぶり…100g（1切れ）

A
- しょうゆ…小さじ1
- 砂糖…小さじ1
- おろしにんにく…小さじ½
- おろししょうが…小さじ½
- 炒り白ごま…小さじ½
- 七味唐辛子…小さじ½

ごま油…小さじ1～大さじ½

作り方

1 ぶりはAを絡める（ぶりを食べやすい大きさに切ってもOK）。

2 卵焼き器にごま油を熱し、**1**にAの薬味をしっかりまぶして入れ、両面を2分～2分30秒ずつ焼く。バットに取り出して冷ます。

組み合わせ例

■ 細ねぎ入り卵焼き（P.106）

■ パプリカのゆずこしょう和え（P.92）

ぶりのみそ照り焼き（P.68）

組み合わせ例

■ほうれん草の
とろろ昆布和え
(P.96)

■甘酒塩麹
卵焼き(P.106)

ぶりの
しょうゆ麹煮
(P.68)

■蒸しゆで
大豆(P.100)

■ゆでごぼう入り
卵焼き(P.109)
■小松菜の
韓国のり和え
(P.95)
ぶりの韓国風
香味焼き
(P.68)

（さわら）

さわらのしょうゆみりん焼き

■うまみ引き立つシンプル調味

202kcal
塩分 1.0g

材料（1人分）

さわら…100g（1切れ）

A
- しょうゆ…小さじ1
- みりん…小さじ1
- 酒…小さじ½

サラダ油…小さじ1〜大さじ½

作り方

1 さわらは2〜3等分に切り、Aを絡める。

2 卵焼き器にサラダ油を熱し、1の皮目を下にして入れ、両面を2分〜2分30秒ずつ焼く。卵焼き器の余分な油をキッチンペーパーでふき取り、さわらをバットに取り出して冷ます。

さわらのしょうが煮

■しょうがの辛みが後を引く

188kcal
塩分 1.0g

材料（1人分）

さわら…100g（1切れ）

A
- 水…大さじ3
- しょうゆ…小さじ1
- 酒…小さじ1
- みりん…小さじ1
- おろししょうが…小さじ1

作り方

1 さわらは2〜3等分に切り、Aを絡める。

2 卵焼き器に1を入れて火にかけ、ときどき上下を返しながら、汁けがなくなるまで4〜5分煮絡める。バットに取り出して冷ます。

さわらのカレームニエル

■スパイスのそそる香り

207kcal
塩分 1.1g

材料（1人分）

さわら…100g（1切れ）

A
- 白ワイン…小さじ2
- 小麦粉…大さじ½
- カレー粉…小さじ½
- 塩…小さじ⅕（1g）

オリーブ油…小さじ1〜大さじ½

作り方

1 さわらはAを絡める（さわらを食べやすい大きさに切ってもOK）。

2 卵焼き器にオリーブ油を熱し、1の皮目を下にして入れ、両面を2分〜2分30秒ずつ焼く。卵焼き器の余分な油をキッチンペーパーでふき取り、さわらをバットに取り出して冷ます。

組み合わせ例

■ 梅しそ卵焼き
(P.107)

■ チンゲン菜の
わさびマヨ和え
(P.97)

さわらの
しょうゆ
みりん焼き
(P.72)

組み合わせ例

■切り干し大根入り
卵焼き（P.109）

■小松菜の
ごま梅和え（P.95）

さわらの
しょうが煮
（P.72）

■細ねぎ入り
卵焼き（P.106）
■にんじんの
レモン和え（P.94）
さわらの
カレームニエル
（P.72）

銀だら

銀だらのみそ焼き

■ 銀だらの脂とみそが融合

259kcal
塩分 1.3g

材料（1人分）

銀だら…100g（1切れ）

A
- みそ…大さじ½
- 酒…小さじ1
- みりん…小さじ1

サラダ油…小さじ1～大さじ½

作り方

1 銀だらは**A**を絡める（銀だらを食べやすい大きさに切ってもOK）。

2 卵焼き器にサラダ油を熱し、**1**の皮目を下にして入れ、両面を2分～2分30秒ずつ焼く。卵焼き器の余分な油をキッチンペーパーでふき取り、銀だらをバットに取り出して冷ます。

銀だらのしょうゆ麹照り煮

■ シンプルで満足度の高い味わい

257kcal
塩分 1.1g

材料（1人分）

銀だら…100g（1切れ）

A
- 水…大さじ3
- しょうゆ麹…大さじ1
- 酒…大さじ1

作り方

1 銀だらは**A**を絡める（銀だらを食べやすい大きさに切ってもOK）。

2 卵焼き器に**1**を入れて火にかけ、ときどき上下を返しながら、汁けがなくなるまで4～5分煮絡める。バットに取り出して冷ます。

組み合わせ例

■ わかめ入り
卵焼き（P.108）

■ オクラの梅和え
（P.93）

銀だらの
しょうゆ麹照り煮
（P.76）

■ 甘辛卵焼き
（P.106）

■ ブロッコリーの
とろろ昆布和え
（P.91）

銀だらのみそ焼き
（P.76）

厚揚げのおかず

155kcal
塩分0.9g

食べごたえのある中華味

厚揚げのチリソース煮

作り方

1 厚揚げは1cm幅のひと口大に切り、**A**を絡める。

2 卵焼き器に**1**を入れて火にかけ、ときどき上下を返しながら、汁けがなくなるまで2〜3分煮絡める。バットに取り出して冷ます。

材料（1人分）

厚揚げ…100g

A
- 水…大さじ2
- トマトケチャップ…小さじ1
- オイスターソース…小さじ½
- 豆板醤…小さじ⅓
- おろしにんにく…少量

組み合わせ例

■大豆入り
みそ卵焼き
（P.109）

■チンゲン菜の
ナムル（P.97）

厚揚げの
チリソース煮
（P.78）

■厚揚げの新たなおいしさ発見

厚揚げの粒マスタード焼き

177kcal
塩分1.2g

材料（1人分）

厚揚げ…100g

A［粒マスタード…小さじ1
　 塩…小さじ⅕（1g）

オリーブ油…小さじ½

作り方

1 厚揚げは1cm幅のひと口大に切り、Aを絡める。

2 卵焼き器にオリーブ油を熱し、1を入れて両面を1分ずつ焼く。バットに取り出して冷ます。

■きりりと効いた酸味が味の主役

厚揚げのオイスタービネガー炒め

172kcal
塩分0.7g

材料（1人分）

厚揚げ…100g

A［オイスターソース…小さじ1
　 酢…小さじ1
　 おろししょうが…小さじ½

サラダ油…小さじ½

作り方

1 厚揚げは1cm幅の拍子木切りにし、Aを絡める。

2 卵焼き器にサラダ油を熱し、1を入れて2分ほど炒める。厚揚げに薄く色がつき、汁けがなくなったら、バットに取り出して冷ます。

■少し溶けた粉チーズでピザ風味に

厚揚げの粉チーズ照り焼き

204kcal
塩分1.0g

材料（1人分）

厚揚げ…100g

A［しょうゆ…小さじ1
　 酒…小さじ1
　 みりん…小さじ½
　 砂糖…小さじ½

粉チーズ…小さじ2

サラダ油…小さじ½

作り方

1 厚揚げは1cm幅のひと口大に切り、Aを絡める。

2 卵焼き器にサラダ油を熱し、1を入れて両面を1分ずつ焼く。こんがりと焼き色がついたら粉チーズを上にのせ、バットに取り出して冷ます。

組み合わせ例

■ドライパセリと
粉チーズの卵焼き
(P.107)

■にんじんの
しょうゆ麹和え(P.94)

■もどしわかめ
(P.101)

厚揚げの
粒マスタード焼き
(P.80)

組み合わせ例

■韓国のりの
卵焼き（P.107）

■ほうれん草の
粒マスタード和え
（P.96）

厚揚げの
オイスタービネガー
炒め
（P.80）

■ 塩ゆできのこ入り
卵焼き(P.108)

■ ブロッコリーの
黒ごま和え(P.91)

厚揚げの
粉チーズ照り焼き
(P.80)

Column 2

下味 冷凍保存のススメ

肉や魚に味をつけて冷凍保存しておくと、「生のままより日持ちする」「肉がやわらかくなる」「味がよくなじむ」など、いいことがたくさん。解凍せずに加熱調理ができるので、「朝にラクできる」のも大きなメリットです。

冷凍保存術

PART2の「肉・魚・厚揚げのヘルシーおかず集」の、ほぼすべてのおかずが冷凍保存可能です。すべて1か月ほど保存できます。

※P．53の「豚ひき肉だんごの甘酢あん煮」のみ、肉だんごの形がくずれやすいため、冷凍保存に向きません。

※P．80の「厚揚げの粉チーズ照り焼き」はAを絡めて冷凍し、焼いてから粉チーズをのせてください。

汁けの多いおかず

ポリ袋に調味料を入れて混ぜ、具を入れてもみ込む。

▼

袋の中の空気を抜き、全体を平らにして口を閉じて冷凍する。

汁けの少ないおかず

ラップを広げて調味料の半量をぬり広げ、調味料の上に具をのせる。

▼

残りの調味料を具の表面にぬる。

▼

空気が入らないようにぴっちりと包み、冷凍する。

調理方法

煮ものなど汁けの多いおかずは、卵焼き器を熱し、下味冷凍した食材を凍ったまま入れる。レシピよりも2～3分長めに加熱し、中までしっかり火を通す。焦げやすいので火加減に注意する。

焼きものや炒めものなど汁けの少ないおかずは、レシピ通り卵焼き器に油を引いてから食材を入れる。焦げやすいので火加減に注意しながら、レシピよりもやや長めに加熱し、中までしっかり火を通す。

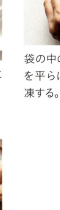

PART 3

卵焼き器で作る1品目

野菜のヘルシーおかず集

栄養豊富な**緑黄色野菜**7種を使った
ヘルシーな野菜のおかずを28品ご紹介。
野菜はすべて**1人分の分量が「100g」**だから、
たっぷり食べられます。
どれも**塩分控えめ**の味つけで、
野菜本来のおいしさが楽しめます。
レシピは1冊目の『藤井弁当』(P.2の書籍)と同様に、**和えもの一択**に。
野菜ごとに**切り方を揃えている**から、
下ごしらえで悩むこともありません。

ひと目でわかる！

β-カロテンが豊富！

緑黄色野菜の1人分の分量・切り方・ゆで時間

ブロッコリー

■栄養メモ

野菜の中ではたんぱく質が多く含まれ、たんぱく質の代謝に必要なビタミンB_6も同時に摂取できます。貧血を防ぐ葉酸も豊富。

37kcal
塩分0.0g
（100g）

分量
1/3株（100g）

ゆで時間
1分30秒

切り方
小房に分ける

オクラ

■栄養メモ

ネバネバ成分は食物繊維。整腸作用や、血圧を下げる働きがあります。

26kcal
塩分0.0g
（100g）

分量
5〜6本
（100g）

ゆで時間
1分

切り方
斜め2〜3等分

パプリカ

■栄養メモ

ビタミンCの含有量が群を抜いて多く、美肌やストレス緩和のほか、免疫力を高める働きが期待できます。

28kcal
塩分0.0g
（100g）

分量
小1個
（100g）

ゆで時間
1分

切り方
縦4等分、横1cm幅

ほうれん草

■ 栄養メモ

ビタミンB群やビタミンC、葉酸をバランスよく含みます。鉄やカルシウム、カリウムなどのミネラルも豊富。

18kcal
塩分 0.0g
(100g)

分量
4〜5株
(100g)

ゆで時間
30秒

切り方
4cm長さ

にんじん

■ 栄養メモ

β-カロテンの含有量は野菜の中でトップクラス。体内でビタミンAに変化し、免疫力アップやアンチエイジングに効果的といわれています。

32kcal
塩分 0.1g
(100g)

分量
½本(100g)

ゆで時間
30秒

切り方
4cm長さの細切り

チンゲン菜

■ 栄養メモ

野菜の中でも低カロリー。ビタミンC、鉄、カルシウムのほか、骨の強化に必要なビタミンKが豊富に含まれています。

9kcal
塩分 0.1g
(100g)

分量
1株(100g)

ゆで時間
1分

切り方
4cm長さ
(根元は縦半分に)

小松菜

■ 栄養メモ

骨や歯の健康に欠かせないカルシウム、貧血を予防し、疲労回復効果のある鉄の含有量が多め。ビタミンCも豊富に含まれています。

13kcal
塩分 0.0g
(100g)

分量
4株(100g)

ゆで時間
1分

切り方
4cm長さ
(根元が太ければ縦半分に)

お弁当のギモン② 野菜の「塩ゆで」する?しない?

野菜をゆでるときに湯に塩を入れるのは、「野菜がやわらかくゆで上がる」「野菜に適度な塩味がついておいしさが引き立つ」などの効果があるから。シンプルに塩ゆでしただけの野菜もじゅうぶんおいしいので、この本には「塩ゆで野菜」をそのまま詰めたお弁当もあります(P.13とP.18参照)。目安の分量は水カップ1に対して、塩小さじ1。野菜の和えものも塩ゆでしてから作ります。

しかし、例外もあります。塩分が強い調味料や食材で和える場合は、塩分過多にならないよう、塩ゆではしていません。この本のレシピでは、みそ、ゆずこしょう、中濃ソース、しょうゆ麹、梅干し、赤じそふりかけが該当します。

ほうれん草の下ゆでに油を入れるワケ

ほうれん草のえぐみの正体はシュウ酸です。ほうれん草をゆでたあと水にさらすのは、シュウ酸を取り除くため。このひと手間を省くのが、湯に塩小さじ1と油小さじ⅓を加える方法。油を加えることでえぐみがやわらぎ、シャキッとおいしくゆで上がります。

黒ごま和え

69kcal
塩分0.8g

材料（1人分）

ブロッコリー…100g（⅓株）
水…カップ1
塩…小さじ1
A［すり黒ごま…大さじ1
　砂糖…少量
　しょうゆ…少量

作り方

1 卵焼き器に分量の水、塩を入れて沸かす。
2 ブロッコリーは小房に分ける。
3 1にブロッコリーを入れ、ときどき箸で返しながら1分30秒ゆでる。水けをきってAで和える。

おかか和え

27kcal
塩分0.8g

材料（1人分）

ブロッコリー…100g（⅓株）
水…カップ1
塩…小さじ1
A［削り節…大さじ1
　しょうゆ…少量

作り方

1 卵焼き器に分量の水、塩を入れて沸かす。
2 ブロッコリーは小房に分ける。
3 1にブロッコリーを入れ、ときどき箸で返しながら1分30秒ゆでる。水けをきってAで和える。

とろろ昆布和え

28kcal
塩分0.8g

材料（1人分）

ブロッコリー…100g（⅓株）
水…カップ1
塩…小さじ1
とろろ昆布…大さじ1（2g）

作り方

1 卵焼き器に分量の水、塩を入れて沸かす。
2 ブロッコリーは小房に分ける。
3 1にブロッコリーを入れ、ときどき箸で返しながら1分30秒ゆでる。水けをきってとろろ昆布で和える。

ごまマヨ和え

77kcal
塩分0.8g

材料（1人分）

ブロッコリー…100g（⅓株）
水…カップ1
塩…小さじ1
A［すり白ごま…大さじ½
　マヨネーズ…小さじ1

作り方

1 卵焼き器に分量の水、塩を入れて沸かす。
2 ブロッコリーは小房に分ける。
3 1にブロッコリーを入れ、ときどき箸で返しながら1分30秒ゆでる。水けをきってAで和える。

パプリカ

材料（1人分）
赤パプリカ…100g（小1個）
水…カップ1
中濃ソース…小さじ1

作り方
1 卵焼き器に分量の水を入れて沸かす。
2 パプリカは種とへたを取って縦4等分に切り、横1cm幅に切る。
3 1にパプリカを入れ、1分ゆでる。水けをきって中濃ソースで和える。

材料（1人分）
赤パプリカ…100g（小1個）
水…カップ1
塩…小さじ1
すり白ごま…大さじ1

作り方
1 卵焼き器に分量の水、塩を入れて沸かす。
2 パプリカは種とへたを取って縦4等分に切り、横1cm幅に切る。
3 1にパプリカを入れ、1分ゆでる。水けをきってごまで和える。

材料（1人分）
赤パプリカ…100g（小1個）
水…カップ1
A
- 水…小さじ1
- ゆずこしょう…小さじ⅓
- しょうゆ…少量

作り方
1 卵焼き器に分量の水を入れて沸かす。
2 パプリカは種とへたを取って縦4等分に切り、横1cm幅に切る。
3 1にパプリカを入れ、1分ゆでる。水けをきってAで和える。

材料（1人分）
赤パプリカ…100g（小1個）
水…カップ1
塩…小さじ1
粒マスタード…小さじ1

作り方
1 卵焼き器に分量の水、塩を入れて沸かす。
2 パプリカは種とへたを取って縦4等分に切り、横1cm幅に切る。
3 1にパプリカを入れ、1分ゆでる。水けをきって粒マスタードで和える。

オクラ

ナムル

材料（1人分）

オクラ…100g（5〜6本）
水…カップ1
塩…小さじ1
ごま油…小さじ½

作り方

1 卵焼き器に分量の水、塩を入れて沸かす。
2 オクラはがくをむいて斜め2〜3等分に切る。
3 1にオクラを入れ、1分ゆでる。水けをきってごま油で和える。

黒ごま和え

材料（1人分）

オクラ…100g（5〜6本）
水…カップ1
塩…小さじ1
すり黒ごま…大さじ1

作り方

1 卵焼き器に分量の水、塩を入れて沸かす。
2 オクラはがくをむいて斜め2〜3等分に切る。
3 1にオクラを入れ、1分ゆでる。水けをきってごまで和える。

カレー粉和え

材料（1人分）

オクラ…100g（5〜6本）
水…カップ1
塩…小さじ1
カレー粉…小さじ⅓

作り方

1 卵焼き器に分量の水、塩を入れて沸かす。
2 オクラはがくをむいて斜め2〜3等分に切る。
3 1にオクラを入れ、1分ゆでる。水けをきってカレー粉で和える。

梅和え

材料（1人分）

オクラ…100g（5〜6本）
水…カップ1
A［水…大さじ½
梅肉…小さじ½
しょうゆ…少量

作り方

1 卵焼き器に分量の水を入れて沸かす。
2 オクラはがくをむいて斜め2〜3等分に切る。
3 1にオクラを入れ、1分ゆでる。水けをきってAで和える。

材料（1人分）

にんじん…100g（½本）
水…カップ1
A［みそ…小さじ½
　レモン汁…小さじ½
　カレー粉…小さじ¼

作り方

1 卵焼き器に分量の水を入れて沸かす。
2 にんじんは4cm長さの細切りにする。
3 1ににんじんを入れ、30秒ゆでる。水けをきってAで和える。

材料（1人分）

にんじん…100g（½本）
水…カップ1
しょうゆ麹…大さじ½

作り方

1 卵焼き器に分量の水を入れて沸かす。
2 にんじんは4cm長さの細切りにする。
3 1ににんじんを入れ、30秒ゆでる。水けをきってしょうゆ麹で和える。

材料（1人分）

にんじん…100g（½本）
水…カップ1
塩…小さじ1
七味唐辛子…小さじ⅓

作り方

1 卵焼き器に分量の水、塩を入れて沸かす。
2 にんじんは4cm長さの細切りにする。
3 1ににんじんを入れ、30秒ゆでる。水けをきって七味唐辛子で和える。

材料（1人分）

にんじん…100g（½本）
水…カップ1
塩…小さじ1
A［レモン汁…大さじ1
　こしょう…少量

作り方

1 卵焼き器に分量の水、塩を入れて沸かす。
2 にんじんは4cm長さの細切りにする。
3 1ににんじんを入れ、30秒ゆでる。水けをきってAで和える。

小松菜

おかか和え

材料（1人分）

小松菜…100g（4株）
水…カップ1
塩…小さじ1
A［削り節…大さじ1
　しょうゆ…少量

作り方

1 卵焼き器に分量の水、塩を入れて沸かす。
2 小松菜は4cm長さに切る。
3 1に小松菜を入れ、1分ゆでる。水けをしぼってAで和える。

ごま梅和え

材料（1人分）

小松菜…100g（4株）
水…カップ1
A［すり白ごま…大さじ½
　梅肉…小さじ1

作り方

1 卵焼き器に分量の水を入れて沸かす。
2 小松菜は4cm長さに切る。
3 1に小松菜を入れ、1分ゆでる。水けをしぼってAで和える。

韓国のり和え

材料（1人分）

小松菜…100g（4株）
水…カップ1
塩…小さじ1
韓国のり（八つ切り）…4枚

作り方

1 卵焼き器に分量の水、塩を入れて沸かす。
2 小松菜は4cm長さに切る。韓国のりはちぎる。
3 1に小松菜を入れ、1分ゆでる。水けをしぼってのりで和える。

ナムル

材料（1人分）

小松菜…100g（4株）
水…カップ1
塩…小さじ1
ごま油…小さじ½

作り方

1 卵焼き器に分量の水、塩を入れて沸かす。
2 小松菜は4cm長さに切る。
3 1に小松菜を入れ、1分ゆでる。水けをしぼってごま油で和える。

ほうれん草

ごま和え

材料（1人分）

ほうれん草…100g（4〜5株）
水…カップ1
塩…小さじ1
サラダ油…小さじ⅓
すり白ごま…大さじ1

作り方

1. 卵焼き器に分量の水、塩、サラダ油を入れて沸かす。
2. ほうれん草は4cm長さに切る。
3. 1にほうれん草を入れ、30秒ゆでる。水けをしっかりしぼってごまで和える。

とろろ昆布和え

材料（1人分）

ほうれん草…100g（4〜5株）
水…カップ1
塩…小さじ1
サラダ油…小さじ⅓
とろろ昆布…大さじ1（2g）

作り方

1. 卵焼き器に分量の水、塩、サラダ油を入れて沸かす。
2. ほうれん草は4cm長さに切る。
3. 1にほうれん草を入れ、30秒ゆでる。水けをしっかりしぼってとろろ昆布で和える。

粒マスタード和え

材料（1人分）

ほうれん草…100g（4〜5株）
水…カップ1
塩…小さじ1
サラダ油…小さじ⅓
粒マスタード…小さじ1

作り方

1. 卵焼き器に分量の水、塩、サラダ油を入れて沸かす。
2. ほうれん草は4cm長さに切る。
3. 1にほうれん草を入れ、30秒ゆでる。水けをしっかりしぼって粒マスタードで和える。

のり和え

材料（1人分）

ほうれん草…100g（4〜5株）
水…カップ1
塩…小さじ1
サラダ油…小さじ⅓
焼きのり（全形）…¼枚

作り方

1. 卵焼き器に分量の水、塩、サラダ油を入れて沸かす。
2. ほうれん草は4cm長さに切る。のりはちぎる。
3. 1にほうれん草を入れ、30秒ゆでる。水けをしっかりしぼってのりで和える。

チンゲン菜

わさびマヨ和え

材料（1人分）

チンゲン菜…100g（1株）
水…カップ1
塩…小さじ1
A［練りわさび…小さじ½
　マヨネーズ…小さじ½

作り方

1 卵焼き器に分量の水、塩を入れて沸かす。
2 チンゲン菜は4cm長さに切り、根元は縦半分に切る。
3 1にチンゲン菜を入れ、1分ゆでる。水けをしぼってAで和える。

ナムル

材料（1人分）

チンゲン菜…100g（1株）
水…カップ1
塩…小さじ1
ごま油…小さじ½

作り方

1 卵焼き器に分量の水、塩を入れて沸かす。
2 チンゲン菜は4cm長さに切り、根元は縦半分に切る。
3 1にチンゲン菜を入れ、1分ゆでる。水けをしぼってごま油で和える。

辛子和え

材料（1人分）

チンゲン菜…100g（1株）
水…カップ1
塩…小さじ1
練り辛子…小さじ⅓

作り方

1 卵焼き器に分量の水、塩を入れて沸かす。
2 チンゲン菜は4cm長さに切り、根元は縦半分に切る。
3 1にチンゲン菜を入れ、1分ゆでる。水けをしぼって辛子で和える。

赤じそ和え

材料（1人分）

チンゲン菜…100g（1株）
水…カップ1
赤じそふりかけ…小さじ½（1g）

作り方

1 卵焼き器に分量の水を入れて沸かす。
2 チンゲン菜は4cm長さに切り、根元は縦半分に切る。
3 1にチンゲン菜を入れ、1分ゆでる。水けをしぼって赤じそふりかけで和える。

Column 3

腸活 常備菜のススメ

食物繊維たっぷりの常備菜を6品紹介します。常備菜といっても
「ゆでる」や「レンジ加熱」など簡単調理で、アレンジのきくものばかり。
お弁当だけでなく、ふだんのごはん作りにも役立ちます。

腸活常備菜の使い方

野菜と和える

野菜のおかず（P.91～97）に加えれば、食物繊維が豊富な1品になります。1人分に対して常備菜15～20gを目安に和えましょう。

そのまま詰める

常備菜はどれも薄い塩味をつけているので、そのまま食べてもおいしい。弁当箱のすき間に詰めるだけで食物繊維が手軽に摂れます。

卵焼きに加える

常備菜は卵焼きの具にも便利。味わいに変化が出るので、毎日のお弁当作りの味方になります。（腸活卵焼きのレシピ→P.108～109）

ご飯に混ぜる

白いご飯に混ぜれば、食物繊維たっぷりの混ぜご飯に。ご飯120gに対して常備菜20gを目安に加え、ざっくり混ぜましょう。

腸活常備菜レシピ

●よく冷ましてから清潔な保存容器に入れ、ふたをして冷蔵室へ。
●すべて冷蔵室で3〜4日保存できます。

蒸しゆで大豆

材料(作りやすい分量)

大豆(乾燥)…150g
水…カップ1
塩…小さじ⅓

作り方

1 大豆は洗い、たっぷりの水(分量外)に8時間ほど浸してもどし、水けをきる。

2 厚手の鍋に**1**、分量の水、塩を入れ、強火にかける。煮立ったら泡をすくい取ってふたをし、弱火で30〜40分蒸しゆでにする。

ゆでひじき

材料(作りやすい分量)

芽ひじき(乾燥)…15g
水…カップ1
塩…大さじ½

作り方

1 ひじきはたっぷりの水(分量外)に15〜20分浸してもどし、洗って水けをきる。

2 鍋に分量の水、塩を入れて沸かす。**1**を入れて5分ほどゆで、ざるに上げる。

レンチン
切り干し大根

材料(作りやすい分量)

切り干し大根(乾燥)…20g
水…大さじ3
塩…小さじ⅓

作り方

1 切り干し大根は食べやすい長さに切り、ほぐしながら洗う。耐熱ボウルに入れ、分量の水をふりかけて10分ほどおき、塩を加えて混ぜる。

2 **1**のボウルにラップをふんわりとかけ、電子レンジで1分30秒加熱する。

もどしわかめ

材料（作りやすい分量）

カットわかめ（乾燥）…10g
しょうゆ…小さじ1

作り方

1 わかめはたっぷりの水（分量外）に5分ほど浸してもどし、水けをきる。

2 鍋に**1**としょうゆを入れて火にかけ、2〜3分炒りつける。

23kcal
塩分 1.8g
（全量）

塩ゆできのこ

材料（作りやすい分量）

えのきたけ…1袋（100g）
しいたけ…1パック（100g）
しめじ…1パック（100g）
まいたけ…1パック（100g）
水…カップ1½
塩…小さじ2

作り方

1 えのきたけは根元を切り落として食べやすい長さに切る。しいたけは石づきを切り落として4等分に切る。しめじは根元を切り落としてほぐす。まいたけは食べやすくほぐす。これらをざっくり混ぜる。

2 鍋に分量の水、塩を入れて沸かし、**1**のきのこを数回に分けて20秒ずつゆで、ざるに上げて水けをきる。

96kcal
塩分 3.7g
（全量）

ゆでごぼう

材料（作りやすい分量）

ごぼう…100g
水…カップ1
塩…小さじ1

作り方

1 ごぼうは皮をこすり洗いして水けをふき、ささがきにする。

2 鍋に分量の水、塩を入れて沸かし、**1**を入れてふたをし、5分ほどゆでてざるに上げる。

58kcal
塩分 2.0g
（全量）

＼1個で作る！／

PART 4

卵焼き器で作る2品目

卵焼きのヘルシーレシピ集

お弁当のおかずの代表といえば、卵焼き。
手軽にたんぱく質が摂れる、優秀なおかずです。
卵1個あれば、1人分の卵焼きが作れます。
卵1個につき、水大さじ1の割合は1冊目の『藤井弁当』（P.2の書籍）と変わりませんが、
油の分量を減らして、低カロリーのレシピにアレンジしました。
食物繊維が豊富な常備菜を活用した
「腸活卵焼き」もぜひお試しを。

卵1個でできる お弁当用「ヘルシー」卵焼きの作り方

「卵1個に水大さじ1」と覚えよう！

材料（1人分）
卵…1個
水…大さじ1
塩…少量（0.3g）
サラダ油…小さじ$\frac{1}{4}$※

81kcal
塩分0.5g

※サラダ油の代わりにオリーブ油やごま油に変えてもおいしい。

1 卵を溶きほぐす

はじめに水と塩を混ぜ、

具や調味料を混ぜる場合は

ココで！

▼

調味料と水を先に混ぜると、卵に味がムラなく行き渡る！

卵を加えてよく溶きほぐす。

2 焼いて巻く

卵焼き器を強めの中火で熱し、サラダ油半量をキッチンペーパーで全体に薄く広げる。

▼

卵液の半量を流し入れ、

▼

全体に広げる。

具をのせる場合は

ココで！

卵の表面が乾いてきたら、箸で奥から手前にくるくる巻く。

箸でツンツン突っついて卵焼き器からはがすように

▼

先の細い箸のほうが巻きやすい！

3 もう1回巻く

手前まで巻いた卵を奥に寄せ、残りのサラダ油をキッチンペーパーで全体に薄く広げる。

奥に寄せた卵の下にも油を広げて！

▼

残りの卵液を流し入れ、

▼

全体に薄く広げる。

奥に寄せた卵の下にも卵液を広げて！

表面が乾いてきたら、1回目に焼いた卵を芯にして手前にくるくる巻く。

▼

▼

巻き終わったら、箸で軽く押さえながら形を整え、全体を焼き固める。

お弁当のおかずなので、中までしっかり火を通す

4 冷ます

卵焼きをバットに取り出し、冷ます。

▼

5 切る

卵焼きを3等分に切る。

弁当箱からはみ出す場合は弁当箱の深さに合わせて4等分にカットしてもOK！

アレンジ卵焼き

甘辛卵焼き

材料（1人分）

卵…1個

A
- 水…大さじ1
- 砂糖…小さじ1
- しょうゆ…小さじ⅓

サラダ油…小さじ¼

作り方

1 ボウルにAを入れて混ぜ、卵を加えて溶きほぐす。

2 卵焼き器を強めの中火にかけ、サラダ油半量を全体に薄くひく。P.104〜105の要領で卵焼きを作る。バットに取り出して冷まし、3等分に切る。

甘酒塩麹卵焼き

材料（1人分）

卵…1個

A
- 甘酒（ストレートタイプ）…大さじ1〜1½
- 塩麹…小さじ¼

サラダ油…小さじ¼

作り方

1 ボウルにAを入れて混ぜ、卵を加えて溶きほぐす。

2 卵焼き器を強めの中火にかけ、サラダ油半量を全体に薄くひく。P.104〜105の要領で卵焼きを作る。バットに取り出して冷まし、3等分に切る。

細ねぎ入り卵焼き

材料（1人分）

卵…1個

細ねぎ…2本

A
- 水…大さじ1
- しょうゆ…小さじ½

ごま油…小さじ¼

作り方

1 細ねぎは小口切りにする。ボウルにAと細ねぎを入れて混ぜ、卵を加えて溶きほぐす。

2 卵焼き器を強めの中火にかけ、ごま油半量を全体に薄くひく。P.104〜105の要領で卵焼きを作る。バットに取り出して冷まし、3等分に切る。

韓国のりの卵焼き

89kcal
塩分 0.6g

材料（1人分）

卵…1個

A［水…大さじ1
　 塩…少量（0.3g）

韓国のり（八つ切り）…4枚

サラダ油…小さじ¼

作り方

1 ボウルに**A**を入れて混ぜ、卵を加えて溶きほぐす。

2 卵焼き器を強めの中火にかけ、サラダ油半量を全体に薄くひく。卵液の半量を入れて全体に広げ、表面が乾いてきたら韓国のり2枚を並べてのせ、手前に巻く。

3 手前まで巻いた卵を奥に寄せ、残りのサラダ油を全体に薄くひく。残りの卵液を流し入れて全体に薄く広げ、表面が乾いてきたら韓国のり2枚を並べてのせる。あとはP.105の要領で卵焼きを作る。バットに取り出して冷まし、3等分に切る。

梅しそ卵焼き

84kcal
塩分 0.4g

材料（1人分）

卵…1個

青じそ…3枚

A［水…大さじ1
　 梅肉…小さじ½

サラダ油…小さじ¼

作り方

1 青じそは細切りにする。ボウルに**A**と青じそを入れて混ぜ、卵を加えて溶きほぐす。

2 卵焼き器を強めの中火にかけ、サラダ油半量を全体に薄くひく。P.104〜105の要領で卵焼きを作る。バットに取り出して冷まし、3等分に切る。

ドライパセリと粉チーズの卵焼き

92kcal
塩分 0.6g

材料（1人分）

卵…1個

A［水…大さじ1
　 塩…少量（0.3g）
　 ドライパセリ…小さじ1
　 粉チーズ…小さじ1

サラダ油…小さじ¼

作り方

1 ボウルに**A**を入れて混ぜ、卵を加えて溶きほぐす。

2 卵焼き器を強めの中火にかけ、サラダ油半量を全体に薄くひく。P.104〜105の要領で卵焼きを作る。バットに取り出して冷まし、3等分に切る。

腸活卵焼き

ひじき入り卵焼き

材料（1人分）

卵…1個
ゆでひじき（P.100参照）…15g
A［水…大さじ1
　しょうゆ…小さじ½
　砂糖…小さじ½
サラダ油…小さじ¼

作り方

1 ボウルにAとひじきを入れて混ぜ、卵を加えて溶きほぐす。

2 卵焼き器を強めの中火にかけ、サラダ油半量を全体に薄くひく。P.104～105の要領で卵焼きを作る。バットに取り出して冷まし、3等分に切る。

わかめ入り卵焼き

材料（1人分）

卵…1個
もどしわかめ（P.101参照）…10g
A［水…大さじ1
　塩…少量（0.3g）
ごま油…小さじ¼

作り方

1 ボウルにAとわかめを入れて混ぜ、卵を加えて溶きほぐす。

2 卵焼き器を強めの中火にかけ、ごま油半量を全体に薄くひく。P.104～105の要領で卵焼きを作る。バットに取り出して冷まし、3等分に切る。

塩ゆできのこ入り卵焼き

材料（1人分）

卵…1個
塩ゆできのこ（P.101参照）…30g
A［水…大さじ1
　しょうゆ…小さじ¼
ごま油…小さじ¼

作り方

1 きのこは粗く刻む。ボウルにAときのこを入れて混ぜ、卵を加えて溶きほぐす。

2 卵焼き器を強めの中火にかけ、ごま油半量を全体に薄くひく。P.104～105の要領で卵焼きを作る。バットに取り出して冷まし、3等分に切る。

大豆入りみそ卵焼き

材料（1人分）

卵…1個
蒸しゆで大豆（P.100参照）…大さじ2
A［水…大さじ1
　 みそ…小さじ½
サラダ油…小さじ¼

作り方

1 大豆は指でつぶす。ボウルにAと大豆を入れて混ぜ、卵を加えて溶きほぐす。

2 卵焼き器を強めの中火にかけ、サラダ油半量を全体に薄くひく。P.104〜105の要領で卵焼きを作る。バットに取り出して冷まし、3等分に切る。

切り干し大根入り卵焼き

材料（1人分）

卵…1個
レンチン切り干し大根（P.100参照）…15g
A［水…大さじ1
　 しょうゆ…小さじ½
　 砂糖…小さじ½
サラダ油…小さじ¼

作り方

1 切り干し大根は長ければ2cm長さに切る。ボウルにAと切り干し大根を入れて混ぜ、卵を加えて溶きほぐす。

2 卵焼き器を強めの中火にかけ、サラダ油半量を全体に薄くひく。P.104〜105の要領で卵焼きを作る。バットに取り出して冷まし、3等分に切る。

ゆでごぼう入り卵焼き

材料（1人分）

卵…1個
ゆでごぼう（P.101参照）…20g
A［水…大さじ1
　 しょうゆ…小さじ¼
サラダ油…小さじ¼

作り方

1 ボウルにAとごぼうを入れて混ぜ、卵を加えて溶きほぐす。

2 卵焼き器を強めの中火にかけ、サラダ油半量を全体に薄くひく。P.104〜105の要領で卵焼きを作る。バットに取り出して冷まし、3等分に切る。

お弁当の詰め方

ご飯とおかずを詰める順番で、お弁当の見ばえが変わります。
おかずがすべて入りきるよう、すき間なく詰めましょう。

1 ― ご飯

ご飯は温かいほうが詰めやすいですが、冷めるまでに時間がかかります。おかずの調理を始める前に弁当箱に詰めておけば、完成する頃には冷めています。

↓

2 ― 卵焼き

まず形が決まっている卵焼きを詰めます。レシピでは「3等分に切る」としましたが、大きいようなら弁当箱の深さに合わせて4等分にカットしても。切り口を上にすると見た目がきれいです。

3 ― 野菜のおかず

野菜のおかずは完全に冷めてから詰めます。弁当箱の縁に沿わせるようにして詰めていきます。

↓

4 ― 主菜

主菜も完全に冷めてから詰めます。汁けはしっかりきりましょう。主菜を詰めるすき間がなければ、ご飯や野菜のおかずの上にのせます。

お弁当の「傷み」を防ぐ 4つのポイント

せっかく作ったお弁当だから、おいしく食べてもらいたい！
ご飯やおかずが傷まないよう、覚えておきたいポイントはこの4つです。

1

道具や弁当箱は清潔に

ボウルやバット、まな板など調理に使う道具や弁当箱は、雑菌が付着・繁殖しないように清潔に。お弁当を詰めるときは手を使わず、清潔な箸を使いましょう。

2

完全に火を通す

半熟卵や生野菜はお弁当にはNG。おかずは中まで完全に火を通しましょう。

3

しっかり冷ます

ふたをしたときに熱や蒸気で傷まないように、ご飯は詰めてから冷まし、おかずはしっかり冷ましてから詰めましょう。

4

汁けをきる

おかずの汁けもお弁当が傷む原因になります。汁けが残っていたらキッチンペーパーで軽く押さえてから詰めましょう。

弁当箱のこと

この本のお弁当は450～500mℓの弁当箱がちょうどよいサイズ。材質は何でもよいですが、ご飯やおかずが蒸れにくく、傷みにくい木製や金属製の弁当箱がおすすめ。ご飯少なめでおかずが多めなので、仕切りのない弁当箱のほうが詰めやすいです。

二人の娘が巣立って、毎日のお弁当作りに
ようやくピリオドを打てる……はずでしたが、
ここ1年ほど、夫と次女のために再びお弁当を作っています。
夫のお弁当を作りはじめたきっかけは
血圧が少し高めになったから。
仕事の日の昼食はめん類や丼ものが多く、
偏った食生活を送っていたことが原因のひとつです。
社会人の次女も仕事が忙しく、
十分な栄養を摂れていないようでした。
年頃なので、太りたくないという願望もあります。
こうした経験をもとに生まれたのがこの1冊です。
卵焼き器ひとつで作る〝藤井弁当〟のメソッドはそのままに、
よりヘルシーなレシピを収録しました。
気楽に健康的なお弁当を作りたいと願う、
すべての方に届けばうれしく思います。

料理　**藤井 恵**（ふじい・めぐみ）

雑誌、書籍、テレビなどで活躍する料理研究家、管理栄養士。著書『藤井弁当　お弁当はワンパターンでいい！』が2020年の料理本大賞の「準大賞」を受賞。28万部のベストセラーに。ほかに『藤井食堂の体にいい定食ごはん』『藤井恵さんのわが家のとっておき韓国ごはん』（すべて小社刊）など多数。

ワンパターンで健康的！
からだ思いの藤井弁当

2025年 2月11日　第1刷発行
2025年 3月12日　第2刷発行

著　者　藤井 恵
発行人　川畑 勝
編集人　中村 絵理子
発行所　株式会社Gakken
　　　　〒141-8416　東京都品川区西五反田2-11-8
印刷所　大日本印刷株式会社

STAFF
デザイン　野澤享子
　　　　　（パーマネント・イエロー・オレンジ）
撮影　鈴木泰介
スタイリング　大畑純子
栄養計算　滝口敦子
校正　合田真子
編集・構成　佐々木香織
企画・編集　小林弘美（Gakken）